PRACTICAL METHOD

FOR THE

VIOLIN

BOOK I

By

CHRISTIAN HEINRICH HOHMANN

Revised and Enlarged Edition

Edited by LOUIS J. BOSTELMANN
With text in English and Spanish
Revised by DR. TH. BAKER

Ed. 1275

G. SCHIRMER, Inc.

DISTRIBUTED BY
HAL•LEONARD®
CORPORATION
7777 W. BLUEMOUND RD. P.O. BOX 13819 MILWAUKEE, WI 53213

EDITORIAL FOREWORD

Teachers who have used the Hohmann method will welcome a revised edition. The unusual signs for bowing used in the older editions required constant explaining on the part of the teacher and were most confusing to the student. Such markings have been replaced by the signs commonly used. Titles have been given the various duets which will stimulate the imagination of the pupil. Several familiar melodies have been distributed throughout each book to add to its interest. Supplementary bowing exercises for the open strings have been added. Additional fingerings, suggested tapping for rhythmical studies, and various explanatory remarks, will be found helpful.

The young teacher will find this new edition of Hohmann indispensable, either as a principal instruction book or as a supplement to other methods.

L. J. B.

PRELIMINARIA DEL REDACTOR

Los maestros que ya han usado el método Hohmann, le daran la bienvenida a una edición corregida. Los signos raros usados en las ediciones antiguas, requerian repetidas explicaciones de parte del maestro y lo confundian muchísimo al estudiante. Dichas marcas se han reemplazado por signos comunmente usados. Se les ha dado títulos a los diversos duetos, para estimular la imaginación del discípulo. Se han distribuido varias melodías familiares por entre las páginas de cada libro para añadir interés. También se han añadido ejercicios suplementarios para las cuerdas al aire. Los ejercicios añadidos en digitación, la sugestión para golpear ligeramente en los estudios rítmicos, y varias otras explicaciones, seran de mucha ayuda.

El maestro joven hallará indispensable esta nueva edición de Hohmann, ya sea como libro principal para instruir o como suplemento a otros métodos.

L. J. B.

PREFATORY REMARKS

1. DESCRIPTION OF THE INSTRUMENT

1. The Violin belongs to the family of the bow-instruments. It comprises two principal parts, the Body and the Neck, which are in turn a combination of various smaller parts.

2. The several parts of the body are:
(a) The arching *belly* with the two sound-holes, which from their form are usually called the *f*-holes;

(b) The *back*, which resembles the belly in shape and size;

(c) The *ribs*, these being the narrow side-pieces connecting the belly and back.

3. The neck is joined to the body at the upper end, between belly and back, and bears at the other end

(a) The *peg-box* with the two pairs of holes in which the pegs turn;
(b) The *scroll* or *head*, ordinarily made in the form of a spiral twist or a lion's head.

4. Upon the neck lies the *finger-board*, over which the 4 strings are stretched. The latter are fastened to the pegs and the *tailpiece;* the tailpiece is made fast by the *loop* to the *button* let into the ribs at the lower end. In order that the strings may vibrate over the finger-board, they pass over a *bridge* set in the middle of the belly, and at the upper end of the finger-board over a low ridge called the *nut.*.

5. In the interior of the violin are the *soundpost* and the *bass-bar.* The soundpost is a small, cylindrical wooden prop set between belly and back just behind the right foot of the bridge. The bass-bar is an oblong wooden bar glued on lengthways below the belly. It is the object of the soundpost and bass-bar to offer resistance to the pressure of the stretched strings; it is the peculiar office of the soundpost to communicate the vibrations of the belly directly to the back.

6. The *strings* are made of sheep's entrails, and are 4 in number: the E-, A-, D- and G-strings. The last is generally covered with silver-plated copper wire, or, better, with real silver wire.

7. The strings of the violin are caused to sound by means of the *bow.* The several parts of the bow are:
(a) The *stick*, ending in a little projection called the *head* or *point;*
(b) The *nut*, a small piece of wood hollowed out on both sides, and connected with the stick by means of a *screw;* and
(c) The *hair*, inserted in mortices in the nut and point, and brought to the right degree of tension by the screw.

8. The stick is of Brazilian lance-wood, the nut of ebony, and the hair is from the tails of white horses.

9. The violin is tuned in perfect fifths: As a rule, the A-string is tuned first, either to a tuning-fork or to some other instrument already at the correct pitch. Then the D- and G-strings, and finally the E-string, are tuned. While tuning, the bow sweeps 2 strings at once, and ought to exert equal pressure on each.

2. POSITION OF THE BODY

The position or attitude of the body when playing the violin should be, in general terms, erect and unconstrained. It is better to stand than to sit. The weight of the body rests on the left foot, which should point straight forward, whereas the right foot is turned outward. The heels should be in line, and only a short distance from each other.

OBSERVACIÓN PRELIMINAR

1. DESCRIPCIÓN DEL INSTRUMENTO

1. El Violín pertenece a la familia de los instrumentos de arco. Se compone de dos partes principales, el Cuerpo y el Cuello, los que vienen a ser una combinación de varias otras partes pequeñas.

2. Las diversas partes del cuerpo son:
(a) La caja arqueda con las dos aberturas de resonancia (los *oidos*), a las que se les ha dado el nombre de aberturas *f* por la forma que tienen;
(b) La espalda, que se parece a la caja en forma y tamaño;
(c) Las costillas, las cuales son unas bandas angostas a los lados y estas unen la caja y la espalda.

3. El cuello está unido al cuerpo en la parte superior del violín, entre la caja y la espalda, y sostiene al otro estremo
(a) La cajade las clavijas con dos pares de agujeros dentro de los cuales dan vueltas las clavijas;
(b) La espiral o cabeza, generalmente hecha en forma de espiral o en forma de cabeza de león.

4. El mástil queda reclinado sobre el cuello, y encima se estienden las 4 cuerdas. Estas se atan a las clavijas y a la cola; la cola está amarrada al botón que se encuentra en la estremidad inferior de las costillas. Para que las cuerdas puedan vibrar sobre el mástil, pasan por encima del puente colocado en el centro de la caja, y en la parte superior por encima del mástil sobre un caballete bajito llamado el talón.

5. En el interior del violín se encuentran el alma del violín y la palanca interior. El alma del violín es un pequeño sosten cilíndrico de madera colocado entre la caja y la espalde, justamente detrás del pie derecho del puente. La palanca interior es una barra de madera de forma oblonga que está colada bajo la caja longitúdinalmente. El objeto del alma del violín y el de la palanca es el de servir de apoyo y resistir la tensión de las cuerdas estiradas; el alma del violín tiene el oficio de comunicar las vibraciones de la caja a la espalda.

6. Las cuerdas están hechas de entrañas de carnero, y son cuatro: las cuerdas de Mi, La, Re, y Sol. La última de estas viene generalmente cubierta de un alambre de cobre plateado, o, aun mejor, con alambre de plata legítimo.

7. Se hacen vibrar las cuerdas del violín por medio del arco. Las diversas partes del arco son:
(a) La varilla que acaba en una punta proyectante llamada la cabeza o punta.
(b) El talón, un pedacito de madera ahuecado en ambos lados, y conectado con la varilla por medio de un tornillo; y
(c) La cerda, incertada en mechas en el talón y la punta y traidos a la tensión necesaria por medio del tornillo:

8. La varilla es de palo de lanza del Brazil, el talón es de ébano, y la cerda es de las colas de caballos blancos.

9. Se afina el violín, en quintas perfectas. Por regla general, la cuerda de La es la que se afina primero, o por medio de un diapasón para afinar o valiéndose de algún otro instrumento que ya esté templado en diapasón correcto. Luego se tiemplan las cuerdas de Re y de Sol, y finalmente la de Mi. El arco toca dos cuerdas a la vez mientras se está afinando, y hay que darles igual presión a ambas.

2. POSICIÓN DEL CUERPO

La posición o postura del cuerpo al tocar el violín debe de ser, generalmente recta y suelta. Es mejor estar parado que sentado. El peso del cuerpo ha de caer sobre el pie izquierdo, el que debe puntear hacia adelante, mientras que el pie derecho queda medio vuelto hacia un lado. Los talones deben estar parejos, y a muy poca

Many teachers of the violin prefer that the right foot should be advanced, so that the back may be held straighter; as long as this advancing of the foot forms no hindrance to the bowing, there is no objection to it. (See Fig. 6.)

3. HOW TO HOLD THE VIOLIN

1. Take the violin in the left hand, and set it against the neck in such a way, that the left collar-bone may serve as a support, and the chin may lie to the left of the tailpiece.

When in position, the body of the violin slants down from left to right. The instrument must be held pointing horizontally forward, in line with the left foot. The left hand must hold it at such a height, that the scroll is on a level with the part next the player's neck; thus it must neither project at either side, nor hang down. (See Fig. 1.)

2. The neck of the violin rests on the root of the left forefinger, being retained in this position by the counter-pressure of the tip-joint of the thumb. Take care not to let the neck of the violin sink down so deep as to touch the skin connecting thumb and forefinger. There must, on the contrary, remain such a space between the thumb and finger, that the point of the bow can pass through under the neck of the violin.
3. The posture of the left hand should be so rounded, that the finger-tips can easily fall upon the strings. To attain this end, the palm of the hand is held away from the neck of the violin, the wrist curving outward towards the scroll, and the elbow brought vertically under the body of the violin. (See Figs. 2 and 3.)

4. HOW TO HOLD THE BOW

The bow is held in the right hand. The tip of the thumb must lie very close to the nut, the other fingers taking hold of the stick in such a way that the hand remains *naturally rounded*, and the fingers *gently curved*. The stick lies within the last joint of the forefinger, middle and ring-fingers; the thumb is exactly opposite the middle finger. The tip of the little finger rests *lightly* on the stick, and moves easily back and forth according to circumstances (forward for the up-bow, backward for the down-bow). Take care that the four finger-tips lie close together; no finger should lie apart from the rest, or grasp the stick angularly. (See Figs. 4 and 5.)

5. TONE-PRODUCTION AND BOWING

A fine, round tone is, as a rule, the result of good bowing. Whoever is in doubt on this point should first listen to the wretched scratching and scraping, the stiff sawing up and down, of some bungler, and then to the playing of an artist, in whose hand the bow sweeps gracefully up and down, eliciting the sweetest and most ravishing tones. The *greatest attention* should, therefore, be bestowed on the study of bowing. The following points are peculiarly worthy of note:
1. First of all, see to it that the tone begins quite clearly and distinctly. Not a few violinists waste one-fourth of the bow before the tone fairly commences, whereas it ought to sound full and strong the instant the stroke begins. The failure to sound arises from not properly taking hold of the string at the very beginning of the stroke. To get a fine, full tone the hairs of the bow must be so set on the string (about an inch from the bridge) that they touch it with their whole breadth. The stick inclines slightly towards the finger-board. By setting the hairs on the string, the latter

distancia uno del otro. Muchos maestros de violín prefieren que se adelante un poco el pie derecho, para poder retener la espalda más erguida; si tal práctica no estorba el arqueo, no habrá inconveniente en dicho uso. (Véase la Fig. 6.)

3. EL MODO DE SOSTENER EL VIOLÍN

1. Tómese el violín con la mano izquierda, y colóquese apoyado al cuello de tal modo, que la clavicula izquierda le sirva de sosten, y que la barba quede reclinada a la izquierda de la cola.
Ya una vez en postura, el cuerpo del violín se asesga de izquierda a derecha. El instrumento se ha de sostener horizontalmente hacia afuera, en línea recta con el pie izquierdo. La mano izquierda ha de sostenerlo a tal altura, que la espiral quede al nivel del cuello del que ejecuta; talmente que ni sobresalga a los lados, ni se recline hacia abajo. (Véase la Fig. 1.)
2. El cuello del violín descansa en la base del dedo índice de la mano izquierda, se retiene esta posición ayudado por la coyuntura de la punta del dedo pulgar. Hay que cuidar que el cuello del violín no se hunda hasta tocar el cutis que une el pulgar al índice. Más bien, hay que formar tal espacio entre el pulgar y el índice, que la punta del arco pueda pasar atravezando, por debajo del cuello del violín.

3. La postura de la mano izquierda debe de estar talmente redondeada que las puntas de los dedos puedan posarse fácilmente sobre las cuerdas. Con este fin, la palma de la mano tiene que retenerse libre, despegada del cuello del violín, la muñeca se curva redondeando hacia la espiral, y el codo hay que traerlo vérticalmente bajo el cuerpo del violín. (Véase las Figs. 2 y 3.)

4. EL MODO DE SOSTENER EL ARCO

Se sostiene el arco con la mano derecha. La punta del pulgar debe reclinarse muy cerca al talón del arco, los otros dedos sujetan la varilla talmente que la mano tome una redondez natural, y que los dedos se curven delicadamente. La varilla se sostiene dentro della última coyuntura del índice, del dedo de en medio y del dedo anular; el pulgar queda exactamente al frente del dedo de en medio. La puntita del meñique descansa ligeramente sobre la varilla, y se mueve fácilmente atrás y adelante según sean las circunstancias que lo obligan (adelante para arquear hacia arriba, atrás para arquear hacia abajo). Hay que cuidar que las puntas de los cuatro dedos se sostengan juntos; ninguno de los dedos no debe estar separado de los otros, ni tampoco se debe agarrar la varilla angularmente. (Véase las Figs. 4 y 5.)

5. EL MODO DE PRODUCIR LOS TONOS Y EL ARQUEO

Por lo general, un buen tono, es el resultado del buen arqueo. Él que dude tal verdad que se ponga a escuchar esos horribles rasguños y raspaduras, esas serruchadas arriba y abajo, de algún chapucero, y luego que preste oido a la ejecución de un artista en cuyas manos se desliza el arco bajando y subiendo con gracia, y desgranando tonos dulces y encantadores. Pues por estas razones hay que dar la *atención más minuciosa* al estudio del arqueo. Los puntos que siguen son los que merecen ser recordados.
1. Primeramente, hay que ver que el tono empiece lo más claro y puro que se pueda. No son pocos los violinistas que mal gastan una cuarta parte del arco antes de comenzar el tono, mientras que el modo correcto es que el sonido debe ser resonante y lleno desde el instante que empieza el golpe del arco. Para conseguir un buen tono, lleno de resonancia, las cerdas del arco deben posarse talmente sobre las cuerdas (como a una pulgada de distancia del puente) que las toquen de lleno. La varilla se inclina un poco hacia el mástil. Se puede decir, que al posar las cerdas sobre las cuerdas, estas

is taken hold of, so to speak, and thus obliged to vibrate fully from the very beginning of the stroke. This gives the tone fullness and "body," and also a clear and precise beginning, an impulse; it is drawn out of the violin by the roots, as it were. This impulse must make itself felt both in the down-bow and up-bow, and should be practised with special care in the latter, because it is harder to take hold of the string at the point than at the nut.

2. The strokes of the bow must describe *a straight line*, i.e., the bow must always run parallel to the bridge. This is rendered possible by slightly bending the wrist while guiding the bow up and down. When the stroke begins at the nut, the wrist is bent somewhat upward in the direction of the chin; while gradually drawing the bow down to the point, the wrist sinks little by little, and the hand is more prominently raised. (See Fig. 1.)

During the up-bow the process is reversed, the sunken wrist gradually rising and bending outward. At the same time, the upper arm hangs straight down, the elbow being quite close to the body.

3. All strokes of the bow are to be executed almost solely with the *hand* and *forearm*, both *wrist* and *elbow* remaining as loose as possible; the upper arm hardly participates in the movement at all, and can at most only yield to the motion of the forearm. This case occurs when the stroke carries the bow up to the nut, and the upper arm has to move somewhat *forward*, or when the lower strings, especially the G-string, are played on, and the arm is lifted slightly upward and outward. It is inadmissible to play with the entire arm; this b ings about slanting strokes and a stiff execution, and makes it impossible to obtain a fine singing tone.

4. In general, the strokes should be carried out at an *equal rate of speed*. This is particularly necessary when the tone is to retain the same volume from beginning to end. It is a frequent mistake, that the player on starting moves the bow very fast, and thus uses up the greater part of it before half the value of the tone is exhausted. This style of bowing produces uneven tones, strong on beginning the stroke, and growing weaker and thinner towards the end.

5. However, the even guiding of the bow does not suffice to obtain a tone of equal sonority throughout. For the bow is heavier at the nut than at the point; besides, the natural weight of the hand exercises a stronger pressure on the string when the bow is set on at the nut, than when it is set on at the point.
Consequently, if we simply allow the natural weight of bow and hand to influence the string, the tone will be stronger at the nut than at the point. This unevenness can be obviated, in the down-bow, by laying the forefinger very lightly, and the little finger firmly, on the stick on beginning the stroke. The further down the stroke extends, the firmer must the pressure of the forefinger become, whereas that of the little finger *decreases*. These two fingers thus control the pressure of the bow; where the influence of the one *ceases*, that of the other should *begin*.

6. The pupil must gain the faculty of endowing his tone with *every shade of power*. A loud tone is obtained by playing as near as possible to the bridge, guiding the bow with a firm hand, and allowing the stick to bend over but slightly. A soft tone is obtained by playing nearer to the finger-board, bending the stick further over, and drawing the bow across the strings with a lighter hand.

7. In executing a *crescendo*, only a small portion of the hair touches the string at the start, and the bow is drawn at

responden y vibran llenamente desde el momento que empieza el golpe de arco. Esto le da al tono potencia y "cuerpo,, y también un principio claro y preciso, un impulso; que se arranca del violín desde las raíces, hablando figurativamente. Hay que sentir el impulso tanto al arquear hacia abajo como hacia arriba, y hay que estudiarlo aun más minuciosamente en el arqueo hacia arriba, por ser más difícil cojer las cuerdas con la punta que con el talón del arco.

2. El golpe o ataque del arco debe delinear una línea derecha, por ejemplo el arco siempre debe correr paralelo al puente. Esto se hace fácil si se inclina levemente la muñeca según va guiando al arco arriba y abajo. Cuando el ataque empieza por el talón, la muñeca se inclina algo hacia arriba en la dirección de la barba; mientras que se va tirando el arco hacia la punta, la muñeca se hunde poco a poco, y se eleva la mano más prominentemente. (Véase la Fig. 1.)

Al arquear hacia arriba, hay que proseguir al revés, la muñeca hundida se eleva gradualmente y se inclina hacia afuera. Al mismo tiempo la parte superior del brazo está pendiente hacia abajo, mientras que el codo queda muy cerca al cuerpo.

3. Todos los golpes de arco tienen que ser ejecutados casi solamente con la mano y el antebrazo, la muñeca y el codo tienen que estar lo más suelto que sea posible; la parte superior del brazo casi no toma parte en estos movimientos, y solo cede levemente al movimiento del antebrazo. Esto ocurre cuando el golpe conduce el arco hacia arriba al talón, y la parte superior del brazo tiene que moverse un poquito hacia adelante, o cuando las cuerdas de más abajo, especialmente la de Sol, se siguen tocando, y se levanta el brazo levemente hacia arriba y hacia afuera. No es permitido tocar con el brazo entero; porque esto ocasiona que se toque sesgadamente y una ejecución que no es flexible hace imposible que se obtengan tonos buenos y sonoros.

4. Por lo general, hay que ejecutar los golpes de arco a razón de una velocidad igualmente medida. Lo dicho es especialmente necesario cuando se quiere sostener un tono en igual volumen de principio a fin. Un error que se comete frecuentemente, es él que el ejecutante empieza moviendo el arco demasiado rápidamente, y así se ha servido de la mayor parte del arco antes de haber terminado la mitad del valor del tono. Esta manera de arquear produce tonos desiguales, fuertes al empezar el arqueo, y debilitados y afilados al acabarse.

5. Sinembargo, no basta con guiar el arco propiamente para obtener un tono de igual sonoridad de principio a fin. Pues el arco es más pesado hacia el talón que hacia la punta; además, el peso natural de la mano ejerce una presión algo más fuerte sobre la cuerda cuando el arco está hacia el talón, que cuando está hacia la punta.
Por consiguente, si dejamos sencillamente que el peso natural del arco y el de la mano influyan la vibración de la cuerda, el tono será más fuerte hacia el talón que hacia la punta. Se puede eliminar esta desigualdad, al arquear hacia abajo, poniendo el índice muy levemente, y el meñique con firmeza, en la varilla del arco al empezar el ataque. Cuanto más va bajando el arco, tanto más firme debe de ser la presión del índice, mientras que él de el meñique va disminuyendo. Así, estos dos dedos dominan la presión del arco; al acabar la influencia del uno debe de empezar la del otro.

6. El discípulo debe aprender a darle a sus tonos todo el colorido que pueda. Se obtiene un tono fuerte tocando lo más cerca posible al puente, guiando el arco con mano firme y haciendo que el arco se incline muy poco. Se obtiene un tono suave tocando más cerca del mástil, inclinado la varilla un poco más, y tirando del arco sobre las cuerdas con pulso más leve.

7. Al ejecutar un *crescendo*, hay que hacer que solo una porción mínima de la cerda toque la cuerda al empezar, y

first very slowly, with an increasingly rapid movement. At the same time it constantly nears the bridge, and the pressure of the forefinger grows firmer and firmer. For the *decrescendo*, this process is reversed; the bow is set on the string near the bridge, taking well hold of the string and making it vibrate strongly; the stroke constantly decreases in rapidity, the hand lessens its pressure, and the bow gradually nears the finger-board. If a *crescendo* and *decrescendo* are to be executed in one stroke, the above two methods are combined; but the stroke must then be so accurately timed, that the tone attains its greatest power and one-half its value together, and that the bow has then just reached the middle.

8. When playing very close to the bridge and guiding the bow with a light hand, shrill, nasal tones are produced, which are occasionally useful in bringing out certain contrasts. Passages to be played in this manner are marked *sul ponticello* (by the bridge). When playing with an extremely light hand and with long strokes very close to the finger-board, flute-like tones are produced, and passages thus played are marked *sulla tastiera* (by the finger-board).

9. In good bowing is also comprehended a suitable choice of the *down-bow* and *up-bow*. The down-bow is stronger than the up-bow; therefore, when a tone is to be accented, the down-bow should be chosen. The strong beats are, consequently, as a rule, played with down-bow, and the weak beats with up-bow; this rule, however, must not be slavishly followed. It cannot always be exactly observed; and it often happens that the stroke alternates, the strong beats in one measure being taken with down-bow, while those in the next fall, in turn, on the up-bow. The pupil should, therefore, acquire by practice facility in accenting equally well with either up-bow or down-bow.

10. As general rules for the up-bow and down-bow, the following might be given:
The down-bow is employed:
    (a) At the beginning of a movement, when it commences on a strong beat;
    (b) On the strong beats in common time;

    (c) On the up-beat (fractional initial measure) when it is connected by a tie to the following strong beat;
    (d) For isolated syncopated notes;
    (e) For chords;
    (f) For a final tone which is to grow softer and softer;
    (g) For all tones which are to be rendered specially prominent, in which case the down-bow may even be employed several times in succession. The bow is then generally used near to the nut, this being indicated by the words *au talon de l'archet* (at the nut).
    To prevent the student from making mistakes in bowing, the down-bow and up-bow are indicated by special signs. The down-bow is marked by a square open at the bottom (⊓), while the up-bow is marked by two lines making an angle (V).

6. THE FINGERING

1. In order to obtain higher tones than those produced by the open strings, the strings are shortened by "stopping" them with the fingers. For this purpose the forefinger, middle, ring, and little fingers, are employed. These fingers are drawn in a trifle, so that the joints are bent, and only the tips of the fingers exert pressure on the strings.

---

hay que tirar del arco muy despacio al principio, aumentando después la rapidez del movimiento. Al mismo tiempo va constantemente acercándose al puente, y la presión del índice se va poniendo más y más firme. Para el *decrescendo*, se procede al revés; se posa el arco cerca del puente, dominando bien la cuerda y haciéndola vibrar fuertemente, la rapidez del golpe va disminuyendo constantemente, la mano aminora su presión y el arco se acerca gradualmente al mástil. Si se tiene que ejecutar un *crescendo* y un *decrescendo* con el mismo golpe, pues entonces se combinarán los dos modos dados arriba; pero en tal caso habrá que calcular tan atinadamente el golpe, que vendrá a obtener el tono su potencia máxima al llegar a la mitad de su valor, juntamente el arco habrá llegado justamente al centro.

8. Cuando se toca muy cerca al puente y se guia el arco con pulso leve, se producirá tonos afilados y nasales que a veces sirven para sacar a relieve ciertos contrastes. Los pasajes que se han de ejecutar de dicho modo se marcan *sul ponticello* (cerca al puente). Al tocar con mano enteramente leve y toque extenso muy cerca al mástil, se obtienen tonos parecidos a los de la flauta, y los pasajes que se han de tocar de tal modo se marcan *sulla tastiera* (sobre el mástil).

9. Cuando se habla de un buen arqueo también se trata de una elección satisfactoria de arco-abajo y arco-arriba. El arco-abajo es más fuerte que el arco-arriba; por lo tanto, cuando haiga que acentuar un tono, se debe elegir el arco-abajo. Por consiguente, es regla general que se toque con arco-abajo las notas acentuadas de un compás, y las notas débiles se ejecutan con arco-arriba: pero no hay que guiarse ciegamente de esta regla. Por lo dicho, es muy útil que el discípulo aprenda y practique los modos de ganar facilidad en acentuar igualmente o con arco-arriba o con arco-abajo.

10. Como regla general para arquear arriba y arquear abajo, se puede decir lo siguiente:
Se emplea el arco-abajo:
    (a) Al empezar un movimiento cuando este comienza en pulsación fuerte;
    (b) En las pulsaciones fuertes de compás de compasillo.
    (c) En la fracción de compás al comenzar, cuando está ligada a la nota fuerte que le sigue;
    (d) Para notas sincopadas solitarias;
    (e) Para acordes;
    (f) Para notas finales que tienen que volverse más y más suaves;
    (g) Para todos los tonos que se quieran ejecutar de una manera especialmente prominente; en tales casos el arqueo hacia abajo pudiera ser empleado aun varias veces en sucesión. En tales casos se usa el arco generalmente al talón, esto se indica por medio de las palabras "al talón.,,
    Para evitar que el estudiante haga equivocaciones al arquear, se indican con marcas especiales el arco-abajo y el arco-arriba. El arco-abajo se marca por medio de un cuadrito abierto abajo (⊓), mientras que el arco-arriba se marca por medio de dos líneas que forman un ángulo (V).

6. LA DIGITACIÓN

1. Para producir tonos más agudos de los que dan las cuerdas al aire, hay que dividir la cuerda "atajándola,, con el dedo. Para lo cual se emplean el índice, el dedo del corazón, el anular y el meñique. Hay que inclinar un poco estos dedos, de manera que se curven las coyunturas, y que solo la punta de los dedos dé la presión a las cuerdas.

2. The fingers must fall on the strings with a certain vigor and springiness; the tones must be hammered out, as it were, with energetic blows. The thicker the string to be stopped, and the more forcible the stroke of the bow, the stronger, too, must be the pressure of the fingers. The little finger, being the weakest, must have special practice in energetic stopping.

3. A point of prime importance is purity and accuracy of tone. For this reason, the pupil should learn to gauge the intervals exactly, gain a thorough acquaintance with the finger-board, and sharpen his ear by attentive listening. The chief reason that beginners play out of tune is, that they do not properly distinguish between semitones and whole tones, and, in particular, because the fingers are not close enough together for the semitones. The interval of a diminished fifth, to be executed by one and the same finger on two neighboring strings (for example, b'-f", or c"#-g", etc.), is also frequently played false, because the pupil forgets to move the finger up or down.

4. It is a great aid to playing in exact tune, to hold the fingers over the strings in such a manner that they need only fall vertically in order to strike the right tone. It is also advisable *not* to lift the fingers directly from the strings, but to keep them down as long as you possibly can. Thus in ascending passags all the fingers will gradually be put down, whereas in descending they are gradually lifted. A *fingering* of the finger-board like that of the keyboard in piano-playing is not allowable.

5. The tones of the open D-, E- and A-strings can likewise be produced by the aid of the little finger on the next-lowest string to each. It depends upon circumstances, whether the little finger or the open string is to be taken. As a rule, keep to one string as long as possible. Therefore, where several successive tones occur which can be stopped on one and the same string, keep to this string, without passing over unnecessarily to the next. But where higher tones follow, which in any event necessitate a passing-over to the next string, there is no reason for using the little finger, and the open string is taken. When two or more tones are to be taken in one bow, the little finger is to be preferred in case the tones following and connected with its tone are lower than the latter; but the open string is to be employed when the tone is followed by higher ones.

6. The fingering is indicated by the figures 1, 2, 3 and 4; a cipher (o) indicates the open string.

SIGNS AND ABBREVIATIONS FOR THE BOWING AND FINGERING

⊓	Down-bow.
V	Up-bow.
WB	Whole bow.
UH	Upper Half of bow.
LH	Lower Half of bow.
M	Middle of bow.
N	At the Nut (one-third of bow).
Pt.	At the Point (one-fourth of bow).
>	Accent.
•	Staccato.
▾	Staccatissimo; at the nut, the bow leaving the string.
⌢	Semitone (fingers close together).
—	Means, after a fingering, keep finger down.
(0)	Preparatory note; place the fingers on the short notes to insure correct intonation.

2. Deben caer los dedos sobre las cuerdas con cierto vigor y elasticidad. Hay que sacar los tonos como si uno los estuviera martillando, con golpes enérgicos. Cuanto más gruesa es la cuerda que se está atajando, y cuanto más fuerte el golpe del arco tanto más fuerte tiene que ser la presión de los dedos. El meñique es el dedito más débil, y por lo tanto hay que empeñarse en darle práctica especial, para atajar con energía.

3. Uno de los puntos de mayor importancia es que el tono sea puro y exacto. Por tal razón, el discípulo debe aprender a medir los intervalos con exactitud, debe familiarizarse completamente con el mástil del violín, y aguzar el oído escuchando siempre con mucha atención. La razón principal, por la cual el principiante toca desafinando es, porque no sabe distinguir propiamente la diferencia entre los semitonos y los tonos enteros, y, en especial, porque no sabe poner los dedos suficientemente unidos para los semitonos. El intervalo de la quinta disminuida, que hay que ejecutar con el mismo dedo en dos cuerdas vecinas (por ejemplo, Si—Fa, o, Do sostenido—Sol, etc.), que amenudo se oye desafinado, porque el discípulo se olvida de mover el dedo arriba o abajo, según lo requiera el caso.

4. Una gran ayuda para tocar con entonación correcta, se halla reteniendo los dedos por encima de las cuerdas de tal modo que solo neseciten caer verticalmente para atacar el tono correcto. También es conveniente no levantar los dedos apenas se han tocado las cuerdas, sino más bien retenerlos lo más que se pueda. Así en pasajes que suben todos los dedos iran bajándose gradualmente, mientras que al descender se elevan gradualmente. No se permite en el mástil la misma clase de digitación que en el teclado de un piano.

5. Los tonos de las cuerdas al aire Re, Mi y La pueden ser igualmente producidas con la ayuda del meñique en la cuerda vecina que les sigue, a cada una de ellas. Depende de las circunstancias si se ha de utilizar la cuerda al aire o el menique. Por regla general, hay que tratar de quedarse en la misma cuerda tanto como se pueda. Esto es, donde ocurran varios tonos consecutivos que se puedan atajar en una y la misma cuerda, hay que quedarse en ella, sin pasar inútilmente a la siguiente cuerda. Pero cuando se requieren tonos más agudos, que de todos modos necesitan que se pase a la cuerda siguiente, no hay razón para utilizar el menique, y se toma la cuerda al aire. Cuando hay que tomar dos o más tonos con el mismo arqueo, se prefiere al meñique si los tonos siguientes y unidos a su tono están más abajo; pero se emplea la cuerda al aire cuando el tono eatá seguido de tonos más agudos.

6. La digitación se indica por medio de los números 1, 2, 3 y 4; la cifra (o) indica la cuerda al aire.

SIGNOS Y ABREVIACIONES PARA EL ARQUEO Y LA DIGITACIÓN

⊓	Arco-abajo.
V	Arco-arriba.
WB	Arco entero.
UH	Medio arco arriba.
LH	Medio arco abajo.
M	El centro del arco.
N	El talón, un tercio del arco.
Pt.	La punta, un cuarto del arco.
>	Acento.
•	Staccato (separado).
▾	Staccatissimo; con el talón, quitando el arco de encima de las cuerdas.
⌢	Semitono (con los dedos unidos).
—	Al otro lado de un dedo, retened el dedo hacia abajo.
(0)	Nota preparatoria; hay que poner los dedos en las notas cortas para cultivar la entonación correcta.

TECHNICAL TERMS AND THEIR MEANINGS

Accelerando	Gradually increasing n apeed.
Accent	Special stress on certain marked notes.
Adagio	Slowly, leisurely.
Ad libitum	With freedom, not in strict time.
Agitato	With agitation.
Al (or Alla) Fine	To the *Fine* (end).
Alla breve	4/4 time with two beats instead of four to the measure; written
Al Segno	To the sign 𝄋.
Allegretto	Lively, but slower than allegro.
Allegro	Lively, rapid.
Allegro assai	Very fast.
Allegro con brio	Fast, with spirit.
Allegro con fuoco	Fast, fiery, spirited.
Allegro ma non troppo	Rapidly, but not too fast.
Allegro moderato	Moderately fast.
Allegro molto	Very fast.
Allegro vivace	Animated, brisk.
Andante	Going, moving, moderately slow.
Andantino	Moving gracefully (similar to Andante).
Animato	With animation.
A piacere	At pleasure.
Appassionato	Passionately.
Arco	With the bow.
Assai	Very.
A tempo	In tempo; return to the preceding pace.
Attacca	Begin next movement immediately.
Bis	Twice.
Brillante	In a brilliant manner.
Brio, con	With spirit, vigor.
Cadenza	An unaccompanied solo passage.
Cantabile	In a singing style.
Coda	Supplementary passage or section.
Comodo	Leisurely.
Crescendo (cresc.)	Increasing in tone.
Da Capo (D. C.)	From the beginning.
Dal Segno (D. S.)	From the sign.
Decrescendo (decresc.)	Decreasing in tone.
Diminuendo (dim.)	Diminishing in tone.
Divisi	Divided, double-notes to be divided.
Dolce	Sweetly.
Espressivo	With expression.
Fermata (𝄐)	A pause or hold.
Finale	Closing part.
Fine	The end.
Forte (f)	Loud.
Fortissimo (ff)	Very Loud.
Forzando (fz)	Sudden emphasis.
Fuoco, con	With fire and spirit.
Giusto	Strict.
Grave	Very slow and solemn.
Grazioso	With grace.
Larghetto	Slowly.
Largo	Very slow and broad.
Legato	Connected, smoothly.
Lento	Slow.
L'istesso tempo	In the same time.
Loco	In place, as written.
Ma	But.
Maestoso	Majestically.
Marcato	Emphasized, marked.
Meno	Less.
Mezzo, -a	Half.
Moderato	Moderately.
Molto	Much.
Morendo	Dying away.
Mosso	Quick.

TÉRMINOS TÉNICOS Y SU SIGNIFICADO

Accelerando	Aumentando gradualmente la rapidez.
Accent	Énfasis especial en ciertas notas.
Adagio	Despacio, con calma.
Ad libitum	Libremente, no en tiempo estricto.
Agitato	Con agitación.
Al (o Alla) Fine	Al signo *Fine* (fin).
Alla breve	Tiempo de 4/4 con dos pulsaciones en vez de cuatro por compás; escrito ¢.
Al Segno	Al signo 𝄋.
Allegretto	Vivamente, pero más despacio que allegro.
Allegro	Vivamente, rapidamente.
Allegro assai	Muy rápido.
Allegro con brio	Rápido, con espíritu.
Allegro con fuoco	Rápido, con fuego.
Allegro ma non troppo	Rápidamente, pero no demasiado ligero.
Allegro moderato	Moderadamente rápido
Allegro molto	Muy ligero.
Allegro vivace	Con animación, acelerando.
Andante	Yendo, moviéndose, moderadamente despacio.
Andantino	Avanzando graciosamente (parecido al Andante).
Animato	Con animación.
A piacere	A gusto.
Appassionate	Apasionadamente.
Arco	Con el arco.
Assai	Muy.
A tempo	En tiempo; volver al tempo antecedente.
Attacca	Empezad el movimiento que sigue inmediatamente.
Bis	Dos veces.
Brillante	De una manera brillante.
Brio, con	Con espíritu, vigor.
Cadenza	Un pasaje sin acompañamiento.
Cantabile	Cantando (a estilo de canto).
Coda	Pasaje o sección suplementaria.
Comodo	Comodamente.
Crescendo (cresc.)	Aumentando el tono.
Da Capo (D. C.)	Desde el principio.
Dal segno (D. S.)	Desde el signo.
Decrescendo (decresc.)	Achicando el tono.
Diminuendo	Disminuyendo el tono.
Divisi	Dividido, atajes dobles que hay que dividirlos.
Dolce	Dulcemente.
Espressivo	Con expresión.
Fermata (𝄐)	Una pausa para detenerse.
Finale	Final.
Fine	El fin.
Forte (f)	Fuerte.
Fortissimo (ff)	Muy fuerte.
Forzando (fz)	Énfasis repentino.
Fuoco, con	Con fuego y espíritu.
Giusto	Justamente.
Grave	Muy despacio y solemnemente.
Grazioso	Graciosamente.
Larghetto	Despacio.
Largo	Lentamente, majestuosamente.
Legato	Ligado.
Lento	Lentamente.
L'istesso tempo	El mismo tiempo.
Loco	En su lugar, como está escrito.
Ma	Pero.
Maestoso	Majestuosamente.
Marcato	Con énfasis, marcado.
Meno	Menos.
Mezzo	Medio.
Moderato	Moderadamente.
Molto	Mucho.
Morendo	Muriéndose.
Mosso	Ligero.

Opus (Op.)	A work.	Una obra.
Ossia	Or.	O sea.
Ottava (8va)	To be played an octave higher.	Una octava màs arriba.
Pianissimo (pp)	Very softly.	Muy suave.
Piano (p)	Softly.	Suavemente.
Più	More.	Más.
Poco a poco	Gradually; little by little.	Gradualmente; poco a poco.
Prestissimo	As quickly as possible.	Tan rapidamente como se pueda.
Presto	Very fast.	Muy ligero.
Quasi	As if, nearly.	Casi como, casi.
Rallentando (rall.) Ritardando (rit.)	Gradually slower and slower.	Gradualmente màs y màs despacio.
Ritenuto	Suddenly slower.	Disminuyendo derepente.
Scherzando	Playfully, jestingly.	Jugueteando, jocosamente.
Segue	Follow, in similar style.	Seguid, del mismo modo.
Semplice	Simply.	Simplemente.
Sempre	Always.	Siempre.
Senza	Without.	Sin.
Senza replica	Without repetition.	Sin repetición.
Sforzando (sf)	With sudden emphasis.	Con énfasis repentino, repentinamente.
Simile	Similarly; in a similar manner.	Igualmente, de igual modo.
Smorzando	Dying away.	Muriéndose, sofocándose.
Sordino	A mute; con sordino, with the mute.	Sordina, con la sordina.
Sostenuto	Sustained.	Sosteniendo.
Staccato	Detached, separated.	Separado, desgranado.
Stringendo	Hurriedly.	Apurándose.
Tacet	Is silent.	Silencio.
Tempo primo (Tempo I°)	Return to original tempo.	Volved al primer tiempo, compás.
Tenuto (ten.)	Held out.	Sugetando.
Tranquillo	Quietly.	Tranquilamente.
Una corda	On one string.	En una cuerda.
Un poco	A little.	Un poco.
Vivace	Very quickly.	Vivamente.
Volti subito (V. S.)	Turn over quickly.	Volved rápidamente.

TABLE OF CONTENTS—*Cont.*

TABLA DE LAS MATERIAS—*Cont.*

Building the Foundation

Important. Progress is often superficial because correct habits of bowing are neglected in the beginning. Good tone depends chiefly upon correct bowing, which should be acquired before fingering is taken up. The progress of the student will largely depend upon the amount of time and thought he bestows on mastering these fundamental bowing exercises.

The best results will be obtained if the student practices each short exercise from memory, (1) observing correct holding of the bow, (2) drawing the bow *slowly,* evenly and freely, (3) keeping the bow parallel to the bridge.

Playing at the nut of the bow is difficult for beginners; it is recommended that they first learn to use the middle portion of the bow, gradually increasing the length of the stroke until the whole bow is used.

Principios Fundamentales

Importante. Muy a menudo el progreso es superficial dado la negligencia del estudiante en establecer hábitos correctos para el arqueo. Pues el buen tono depende esencialmente de un modo correcto de usar el arco, lo cual hay que adquirir aun antes de la digitación. El progreso del estudiante depende en su mayoría, del tiempo y empeño que el ha de poner en amaestrarse en los principios fundamentales de estos ejercicios para usar el arco correctamente.

Se obtendran los mejores resultados si el estudiante practica cada uno de estos pequeños ejercicios de memoria, (1) observando el modo correcto de sostener el arco, (2) tirando del arco *despacio,* con igualdad y libremente, (3) guardando el arco paralelo al puente.

Es difícil para los principiantes, el tocar con el talón del arco; se les recomienda que primero aprendan a utilizar el centro del arco, aumentando gradualmente la superficie del arco hasta cuando puedan usarlo todo entero.

I The Open Strings

I Las Cuerdas al Aire

82169 X

Additional Bowing Studies
on the open strings

Estudios Adicionales para Arqueo
en las cuerdas al aire

Note: Give a slight accent on the first count of the detached notes.   Observe the rests.
The bow should remain on the string.

Nota: Dadle un leve acento a la primera de las notas separadas; observad las pausas.
El arco debe quedarse sobre la cuerda.

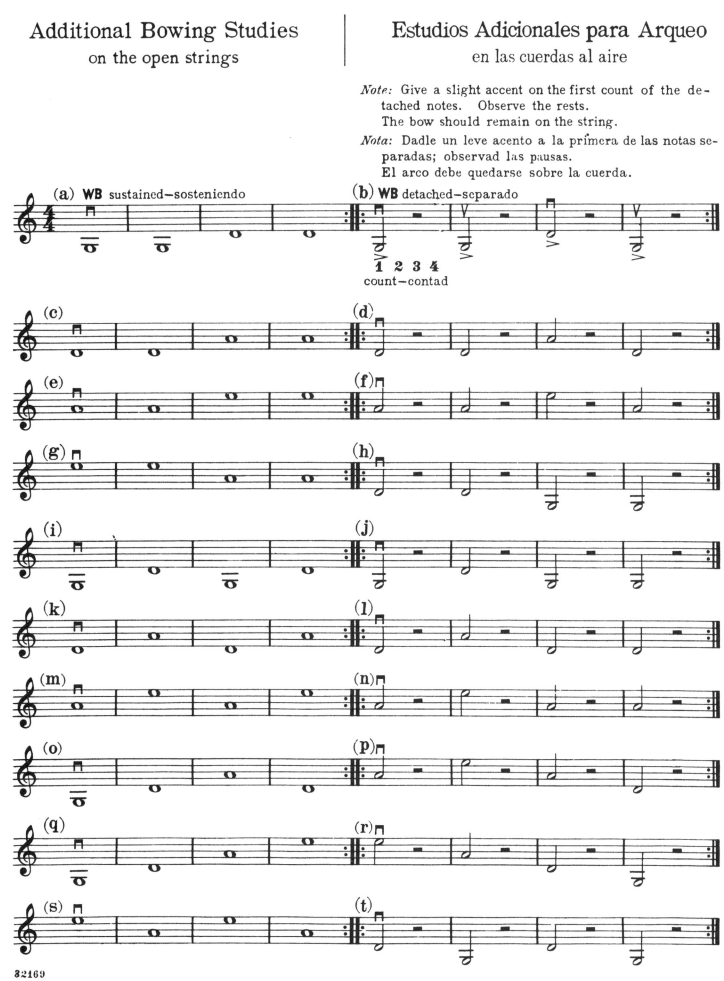

32169

Elements of Notation	Rudimentos de la Notación

Musical notation is the art of representing musical ideas by means of written characters or signs.

La notación muical es el arte de representar las concepciones musicles por medio de caracteres o signos escritos.

The Notes;
Staff, Clef, Scale

Las Notas;
la Pautada, la Clave, la Escala

Signs called **Notes**, of various shapes, are used to show the various time-values of musical tones. The notes generally employed are:

Para representar el valor de los varios tonos en la música, se emplean ciertos signos de varias formas, llamados **notas**. Las notas que generalmente se emplean son:

Whole Note equals 2	La semibreve igual a 2		
Half-notes or 4	Mínimas o 4	1 Half-note = 2 Quarter-notes	1 Mínima es igual a 2 Semínimas
Quarter-notes or 8	Semínimas o 8	1 Quarter-note = 2 Eighth-notes	1 Semínima es igual a 2 Corcheas
Eighth-notes or 16	Corcheas o 16	1 Eighth-note = 2 16th-notes	1 Corchea es igual a 2 Semicorcheas
16th-notes or 32	Semicorcheas o 32	1 16th-note = 2 32nd-notes	1 Semicorchea es igual a 2 Fusas
32nd-notes	Fusas		

Notes are written on a **Staff** of five lines:

At the head of the staff is placed a sign called a **Clef** to mark the position (pitch) of one tone in the musical scale (see below). The clef used in violin-music is called the G-clef, because formerly written as a G; its modern form is , and the scroll encircling the second line of the staff shows that the note on this line is G. (Other names for this clef are violin-clef and treble clef.)

The first seven letters of the alphabet are used to name the notes: A B C D E F G. The notes are written on the lines and in the spaces between the lines of the staff:

Se escriben las notas en una **Pautada** de 5 líneas:

Al principio de la pautada se pone el signo llamado **Clave** para indicar la posición (diapasón) de un tono en la escala de la música (véase abajo). La clave que se usa para la música de violín, es la clave de Sol. Antiguamente se escribia como un G; en su forma moderna es y la espiral que rodea la segunda línea de la pautada significa que la nota en dicha línea es Sol. (Los otros nombres para esta clave son clave de violín y clave de tiple.)

En español se usan los términos siguientes para nombrar las notas: Do, Re, Mi, Fa, Sol, La, Si. Se escriben las notas en las líneas y en los espacios entre las líneas de la pautada:

Notes on the **5** lines
Notas en los líneas

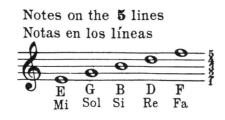

E G B D F
Mi Sol Si Re Fa

Notes in the **4** spaces
Notas en los espacios

F A C E
Fa La Do Mi

The staff might be called a ladder on which the notes climb; going up, the tones get higher; going down they get lower. When notes higher or lower than those on the staff are to be played, they are written on short added lines (called **leger-lines**) above or below the staff, and in the spaces between:

A la pautada se le podia dar el nombre de escalera por la que suben las notas al ir arriba, según van subiendo los tonos se ponen más agudos; mientras que al bajar van volviéndose más profundos. Cuando se necesitan tonos más agudos o más bajos que los que hay en la pautada, se escriben en líneas pequeñas que se añaden o arriba o abajo de la pautada, y entre los espacios de dichas líneas (llamadas rayas adicionales a la pautada o pentagrama):

Notes above the staff
Notas arriba de la pautada

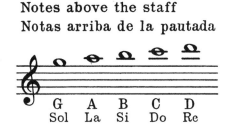

Notes below the staff
Notas abajo de la pautada

You see that when the seven letters have been used for seven consecutive notes, we repeat the series going up or down, forward or backward. This is because the tones divide naturally into groups of seven, the eighth tone above or below being merely a repetition of the first at a higher or lower pitch. This eighth tone is called an octave.

Ya se ve que cuando se han utilizado las siete notas para representar siete notas consecutivas, repetimos la serie, al ir arriba o abajo, hacia adelante o hacia atrás. Esto es porque los tonos se dividen naturalmente en grupos de a siete, la octava nota arriba o abajo viene a ser simplemente una repetición de la primera en diapasón más alto o más bajo. Dicho octavo tono es llamado octava.

A series of tones following one another step by step from a given tone to its octave is called a **Scale**. A scale takes its name from the note on which it begins; here is the scale of C:

Una serie de tonos que se siguen uno tras otro grado a grado de un tono dado a su octava, se llama **Escala**. Una escala deriva su nombre de la nota por la cual ha empezado; aquí está la escala de Do:

The distance (interval) between the degrees (the consecutive steps) of a scale is not the same throughout; between the third and fourth, and the seventh and eighth, degrees the distance is only a half-tone or half-step; between the other consecutive degrees the distance is a whole tone or whole step.

La distancia (intervalo) entre los grados (las notas consecutivas) de una escala no es siempre la misma en todo caso; pues entre el tercero y el cuarto, y el séptimo y el octavo, grado el intervalo es solo de un semitono; entre los otros grados consecutivos el intervalo es la de un tono entero.

The Sharp, Flat and Natural	El Sostenido, Bemol y Natural

A **Sharp** (♯) set before a note raises the pitch a half-step.

A **Flat** (♭) set before a note lowers the pitch a half-step.

A **Natural** (♮) set before a note restores the natural pitch of a note after a sharp or flat.

The **Double-sharp** (x) and **Double-flat** (♭♭) respectively raise and lower the note before which they are set by a whole step.

Every tone can be sharped or flatted.

When sharps or flats are set at the head of the staff after the clef, they are called the **key-signature**; when they occur during the course of a composition, they are called **accidentals**.

Un **Sostenido** (♯) puesto ante una nota eleva el diapasón un semitono.

Un **Bemol** (♭) puesto ante una nota rebaja el diapasón un semitono.

Un **Natural** (♮) puesto ante una nota le devuelve su diapasón natural a una nota después de un sostenido o un bemol.

El **Sostenido doble** (x) y **Bemol doble** (♭♭) elevan o bajan, respectivamente, la nota ante la cual están puesta, un tono entero.

Todos los tonos se pueden volver sostenidos o bemoles.

Cuando se ponen o sostenidos o bemoles al principio de la pautada inmediatamente después de la clave, se llaman la **armadura**; cuando ocurren en el curso de una composición, se les dá el nombre de **accidentales**.

Rests / Las Pausas

Rests are signs used to indicate silence; they correspond in time-value to the notes.

Las **Pausas** son esos signos usados para indicar los silencios; ellas corresponden en su valor de duración a las notas.

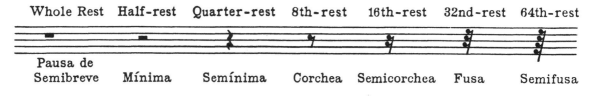

Whole Rest	Half-rest	Quarter-rest	8th-rest	16th-rest	32nd-rest	64th-rest
Pausa de Semibreve	Mínima	Semínima	Corchea	Semicorchea	Fusa	Semifusa

The Dot / El Puntillo

A **Dot** set after a note or rest lengthens its time-value by one-half:

El **Puntillo** puesto después de una nota o pausa alarga su duración a razón de la mitad del valor de la nota o pausa.

Written

 Escrito

Time-value

Valor o duración de tiempo

The short curved line connecting two notes is called a **Tie**, and signifies that the note is not to be repeated, but held for the time-value of the two notes so connected.

La pequeña línea curva que une dos notas se llama **Ligadura**, lo cual quiere decir que no se ha de repetir la nota, sino que hay que retenerla segun el valor de las dos notas así ligadas.

Time, or Meter

Music is divided into measures by perpendicular lines called **bars**. As a general thing, each measure in a given piece contains a time-value in notes, or rests, or notes and rests combined, equal to the time-value of any other measure. The length of the measure is determined by two figures placed on the staff at the beginning of the piece, and called the time-signature; the lower figure indicates the kind of notes into which the measure is equally divided, while the upper figure indicates the number of such notes. Thus $\frac{2}{4}$ means that the measure contains two quarter-notes; $\frac{9}{8}$ that the measure contains nine eighth-notes; etc.

Time is either duple, triple, or compound. Duple and triple times have one accent to a measure; compound time has two or more accents to the measure, the first being the strong accent, while the others are weaker.

El Tiempo, o Compás

La música se divide en compases por medio de líneas perpendiculares llamadas **Barras**. Por lo general, cada compás en una pieza dada, contiene su valor de duración en notas, o pausas, o notas y pausas combinados, igualando el valor de duración de cualquier otro de los compases. La duración del compás está determinada por medio de dos cifras colocados al empezar la pieza, a los que se les dá el nombre de signo de tiempo o duración. La cifra de abajo indica la clase de notas en las cuales está igualmente dividido el compás, mientras que la cifra de arriba indica el número de dichas notas. Así $\frac{2}{4}$ quiere decir que el compás contiene dos semínimas; $\frac{9}{8}$ quiere decir que el compás contiene nueve corcheas.

El tiempo puede ser o doble, triple o complejo. El tiempo doble y triple tiene solo un acento por compás; el tiempo complejo tiene dos o más acentos por compás, el primer acento es el fuerte, y los otros los débiles.

Examples | Ejemplos

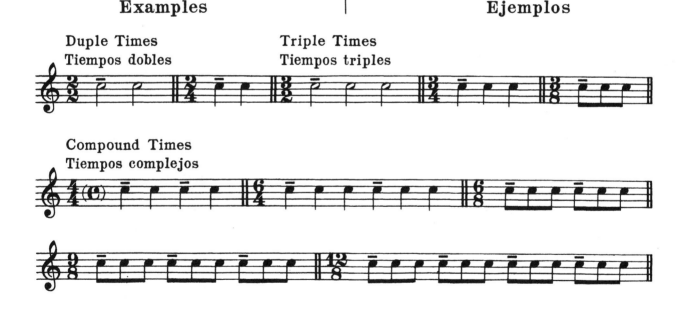

Duple Times
Tiempos dobles

Triple Times
Tiempos triples

Compound Times
Tiempos complejos

A composition sometimes begins on an up-beat (weak accent, the last or nearly the last count of a measure) but always ends on a strong pulse; the notes of the last measure, added to those of the fractional first measure, will make one full measure.

Algunas veces una composición comienza con el tiempo débile (acento débil, el último o casi el ultimo del compás), pero siempre termina en un acento (pulsación) fuerte; las notas finales del último compás añadidas a la fracción del primer compás, hacen un compás entero.

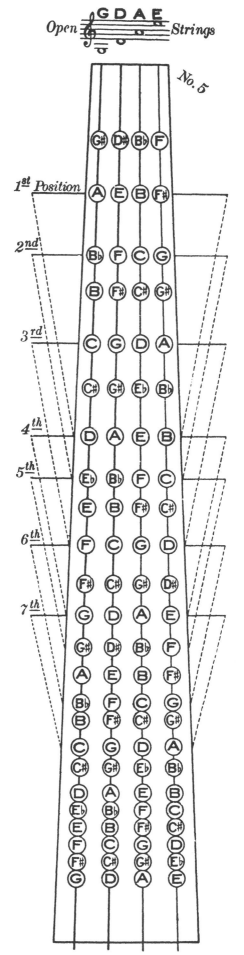

No. 1 (Front)

No. 3 (Side)

No. 2 (Side)

No. 4 (Left Hand Position)

Open Strings — G D A E

No. 5

1st Position
2nd
3rd
4th
5th
6th
7th

Signs and Abbreviations
for Bowing and Fingering

⊓ Down-bow
V Up-bow
WB Whole bow
UH Upper half of bow
LH Lower half of bow
M Middle of bow
N Nut, ⅓ of the bow
Pt Point, ¼ of the bow

\> Accent
· Staccato (detached)
ᵥ Staccatissimo; at the nut, taking the bow off the strings
⌒ Half-step (fingers close together)
— opposite a finger, keep the finger down
(•) Preparatory note; fingers should be placed on small notes as an aid to correct intonation.

Signos y Abreviaciones
para el Arqueo y el Dedeo

⊓ Arco hacia abajo
V Arco hacia arriba
WB Arco enters
UH La mitad superior del arco
LH La mitad inferior del arco
M Al centro del arco
N Al talón, ⅓ del arco
Pt A la punta, ¼ del arco

\> Acento
· Destacado (separado)
ᵥ Muy destacado; al talón desprendiendo el arco de las cuerdas
⌒ Semitono (con los dedos bien unidos)
— al fiento de un dedo, retened el dedo sobre la cuerda
(•) Nota preparatoria; hay que poner los dedos sobre las notitas para conseguir una entonación correcta.

II Tones on the E-String

```
e⌒f  .  g  .  a  .  b
0  1  .  2  .  3  .  4
```

Upon *each* repetition of all preparatory exercises through this book, concentrate on one special point.

1. Observe the notes (name them mentally); listen for true pitch.

2. Observe the bowing; give attention to hand and arm motions.

3. Observe the finger action, dropping fingers on tips with precision.

4. Observe the time; count, giving each note its proper value.

5. Finally, play the exercise from memory, concentrating on each of the above four points in turn.

II Tonos en la Cuerda de Mi

```
mi⌒fa  .  sol  .  la  .  si
0   1  .  2  .  3  .  4
```

Cada vez que se repitan todos los ejercicios preparatorios en este libro entero, hay que concentrar en un punto especial.

1. Observad las notas (nombrándolas mentalmente al tocarlas); estad atento a la entonación perfecta.

2. Observad el arqueo; dadles atención a los movimientos de la mano y del brazo.

3. Observad la actividad de los dedos, haciendo que caigan los dedos en las puntas con exactitud.

4. Observad el tiempo; contad, dándole a cada nota su valor correcto.

5. Finalmente, tocad cada ejercicio de memoria, concentrando la mente en cada uno de los puntos mencionados por turno.

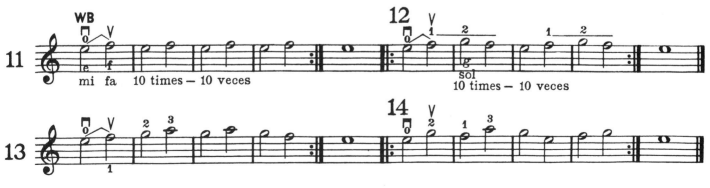

The First Duet | El Primer Duo

Important: Keep the fingers down wherever possible.
Importante: Retened los dedos sobre la cuerda donde sea posible.

10 times — 10 veces

10 times — 10 veces

Stepping-Stones | Piedras a Pasar

20

21

22

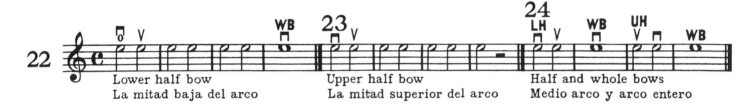

Lower half bow   Upper half bow   Half and whole bows
La mitad baja del arco   La mitad superior del arco   Medio arco y arco entero

A Lullaby | Arrullo

25

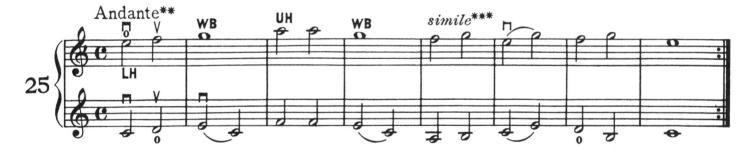

*) ♩ (Preparatory note). Place finger on small note as
an aid to correct intonation.

****Andante,** going, moving; moderately slow.

****Simile,* similarly, in the same style.

*) ♩ (Nota preparatoria). Poned el dedo sobre la nota pe-
queña para ayudar a obtener la entonación correcta.

****Andante,** andando, moviéndose; moderadamente despacio.

****Simile,* igualmente, por el mismo estilo.

The Mimic | El Imitatador

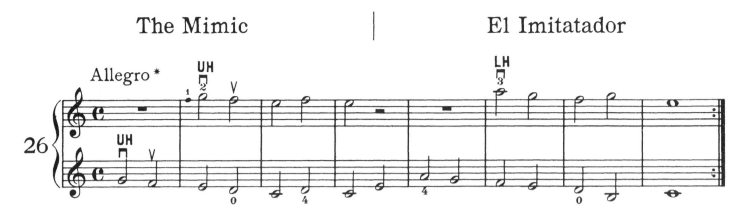

Rhythmical Study | Estudio Rítmico

Count, tapping each note with a pencil; give special stress to the first and third pulses.

Contad, golpeando ligeramente con un lápiz; dadle especial énfasis a la primera y tercera pulsación.

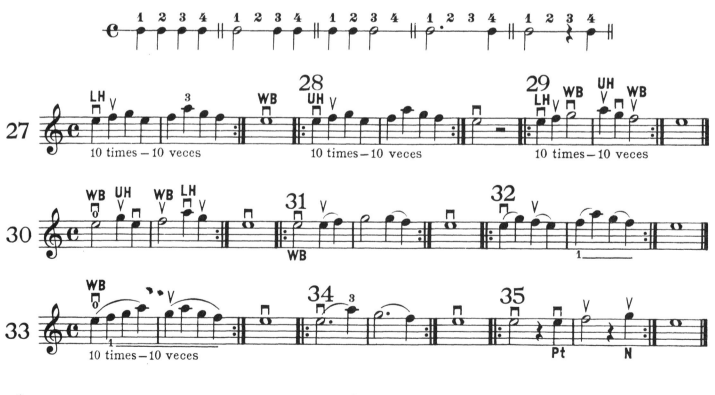

* Allegro, lively, brisk, rapid. | * Allegro, vivamente, rápido.

Diligence | Diligencia

Nodding Flowers
Whole and half-bows

Las Flores se Inclinan
Arco entero y medio arco

Fine

D. C. al Fine
*senza rip.***

*Moderato, moderate (moderately fast).

**D. C. al Fine senza rip., From the beginning to Fine, without repetition.

*Moderato, moderado (moderadamente ligero).

**D. C. al Fine senza rip., De principio a Fine sin repetición.

82169

14

Rhythmical Study

Count, tapping each note with a pencil; give special stress to the first pulse.

Estudio Rítmico

Contad, golpeando ligeramente con un lápiz; dadle especial énfasis a la primera pulsación.

The Tease

La Matraquista

Vespers

Vísperas

*Scherzando, playfully, jestingly.

**Adagio, slow, leisurely.

*Scherzando, jugueteando, chistosamente.

**Adagio, despacio.

A Story
Whole and half-bow

Un Cuento
Arco entero y medio arco

47

The Merry-Go-Round

Los Caballitos

48

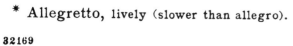

* Allegretto, lively (slower than allegro).

* Allegretto, vivamente (un poco más despacio que allegro).

The Chimes | Juego de Campañas

49

Fair Play | Primorosamente

50

Dancing Leaves | Hojas Danzantes

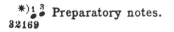

Wandering | Errante

A Summer Day | Un Día de Verano

Whole and half-bow | Arco entero y medio arco

III Tones on the A-String | III Tonos en la Cuerda de La

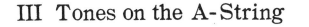

a . b c d . e
0 . 1 2 . 3 . 4

la . si do . re . mi
0 . 1 2 . 3 . 4

Clouds | Nubes

Adagio

Staccato (detached — destacado)

Drops of Rain | Gotas de Lluvia

65

66

10 times — 10 veces

67

10 times — 10 veces

68

10 times — 10 veces

69

10 times — 10 veces

*) *f (forte)* loud, strong. | *) *f (forte)* fuerte, ruidoso.

The Silver Lining | El Forro Plateado

70

Bagatelle | Bagatela

R. Schumann

70ᵃ

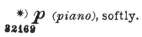

*) *p* (*piano*), softly. | *) *p* (*piano*), suavemente.

The Journey | El Viaje

The Little Cossack | El Cosaquito

*)*mf* (*mezzo forte*), half loud.

**)*Rallentando*, growing slower and slower.

***)*ff* (*double forte*), very loud.

*)*mf* (*mezzo forte*), medio fuerte.

**)*Rallentando*, retardando.

***)*ff* (*fortissimo*), muy fuerte.

The Minuet | El Minué

76 — 10 times — 10 veces

77 — 10 times — 10 veces

78 — 10 times — 10 veces

79 — 10 times — 10 veces

Climbing Hills | Subiendo Lomas

80

Adeste Fideles
O come all ye faithful

Adeste Fideles
Fieles venid a mi

Arr. by L. J. B.

80ᵃ

81

At the Seashore | En la Playa

Rhythmical Study | Estudio Rítmico

Count, tapping each note with a pencil; give special stress to the first pulse.

Contad, golpeando ligeramente con un lápiz; dadle especial énfasis a la primera pulsación.

The Singing Brook | El Canto del Riachuelo

The Clowns | Los Bufones

The Sabbath   El Sábado

Sailing | Navegando

97

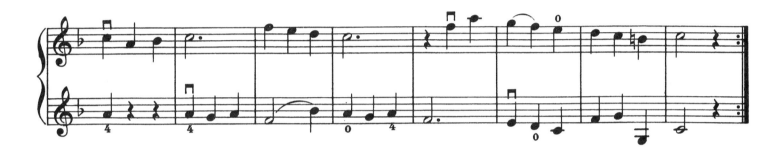

*) cresc. (crescendo), increase (increase in tone). | *) cresc. (crescendo) cresciendo.

82169

IV Tones on the D-String   IV Tonos en la Cuerda de Re

Lament   Lamento

Lento*

* Lento, slowly, but not dragging.   * Lento, despacio pero sin decaer.

Hopping | Saltando

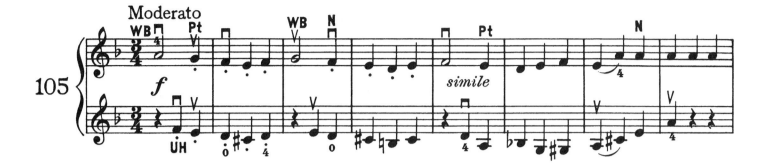

The Sunset | La Puesta del Sol

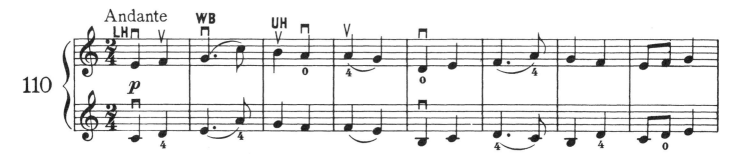

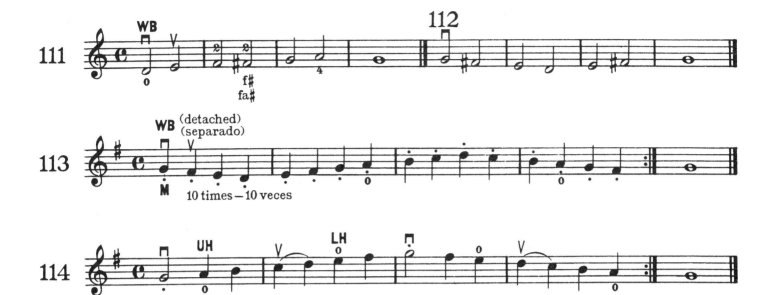

111

112

113

114

The Woodland Path | ## Un Sendero en el Bosque

115

* Andantino, moviéndose con gracia, avanzando gra-
ciosamente.

Flow Gently, Sweet Afton | Rodad Levemente, Querido Afton

English Folk-Song
Arr. by L. J. B.

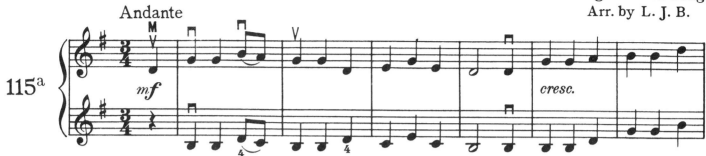

115ᵃ

Rhythmical Study

Count, tapping each note with a pencil; give special stress to the first pulse.

Estudio Rítmico

Contad, golpeando ligeramente cada nota con un lápiz; dadle especial énfasis a la primera pulsación.

Fairy Dance

El Baile de la Hadas

Dance of Spring | Baile de Primavera

A. Harder

119

Auld Lang Syne | Tiempo Atrás

Arr. by L. J. B.

119ª

Rhythmical Study

Count, tapping each note with a pencil; give special stress to the first and third pulses.

Estudio Rítmico

Contad, golpeando ligeramente cada nota con un lápiz; dadle especial énfasis a la primera y a la tercera pulsación.

120

10 times — 10 veces

121

10 times — 10 veces

The Combat

El Combate

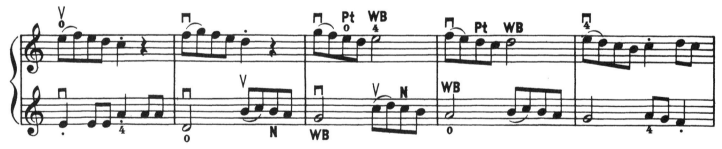

Allegro

122

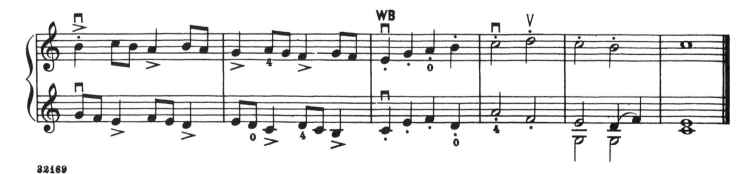

Determination | Determinación

Rhythmical Study

Count, tapping each note with a pencil; give special stress to the first pulse.

Estudio Rítmico

Contad, golpeando ligeramente cada nota con un lápiz; dadle especial énfasis a la primera pulsación.

124

The Holiday

El Día de Fiesta

L. Spohr

Allegro

126

* **pp** *(pianissimo)*, very softly.

* **pp** *(pianissimo)*, muy suavemente.

Perpetual Motion | Movimiento Perpetuo
H. Ries

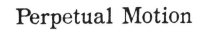

126ᵃ

Playful Kittens | Los Gatitos Juguetones

127

32169

V Tones on the G-String

V Tonos en la Cuerda de Sol

sempre cresc., always crescendo.

sempre cresc., siempre cresciendo.

133

5 times – 5 veces

March | Marcha

Allegretto

134

Yankee Doodle | El Yankee Doodle

Arr. by L. J. B.

134ª

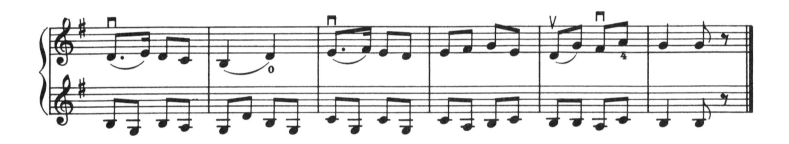

135

5 times – 5 veces

simile

(detached)
(separado)

The Boy Scouts | Los Muchachos Exploradores

136

Allegro

f

simile

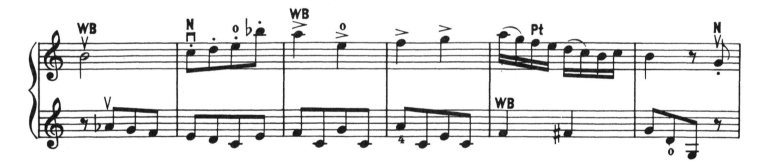

Syncopation
Irregular Rhythm

Sincopación
Ritmo irregular

The Stubborn Mules

Las Mulas Tenaces

Rhythmical Study

Count, tapping each note with a pencil; give special stress to the first and fourth pulses.

Estudio Rítmico

Contad, golpeando ligeramente cada nota çon un lápiz; dadle especial énfasis a la primera y cuarta pulsación.

140

5 times — 5 veces

The Campbells Are Coming | Canción Escocés

Arr. by L. J. B.

140ᵃ

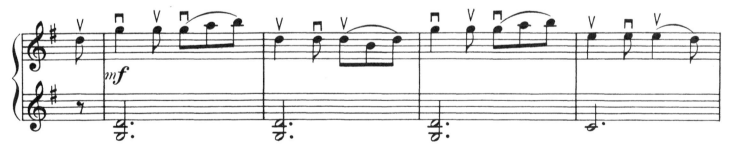

32169

A Country Dance | Un Baile Campestre

141

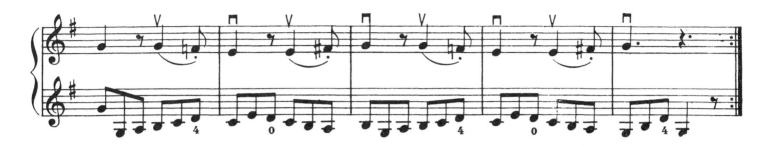

The Winding Stream | El Riachuelo Ondulante

L. Spohr

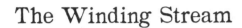

A Famous Minuet | Un Minué Famoso

I. Pleyel

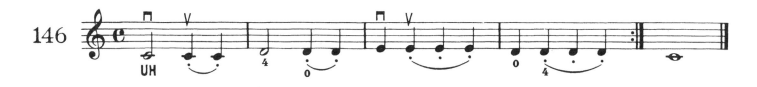

32169

Playtime | Hora de Descanso

J. Fröhlich

148

32169

Rhythmical Study
Triplets

Count, tapping each note with a pencil; give special stress to the first and third pulses.

A *triplet* is three notes to a count marked with a

Estudio Rítmico
Tresillos

Contad, golpeando ligeramente cada nota con un lapiz; dadle especial énfasis a la primera y tercera pulsación.

Un *tresillo* se compone de tres notas en un tiempo marcado con un

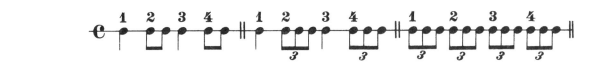

149

The Procession

La Procesión

150

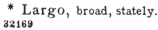

* **Largo,** broad, stately.

* **Largo,** imponente, majestuoso.

32169

The Conqueror | El Conquistador

J. Fröhlich

151

America

Arr. by L. J. B.

151ᵃ

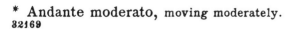

* Andante moderato, moving moderately. | * Andante moderato, avanzando moderadamente.

32169